大展好書　好書大展
品嘗好書　冠群可期

大展好書　好書大展
品嘗好書　冠群可期

老拳譜新編 5

新太極劍書

馬永勝／著

大展出版社有限公司

策劃人語

本叢書重新編排的目的，旨在供各界武術愛好者鑑賞、研習和參考，以達弘揚國術，保存國粹，俾後學者不失眞傳而已。

原書大多為中華民國時期的刊本，作者皆為各武術學派的嫡系傳人。他們遵從前人苦心孤詣遺留之術，恐久而湮沒，故集數十年習武之心得，公之於世。叢書內容豐富，樹義精當，文字淺顯，解釋詳明，並且附有動作圖片，實乃學習者空前之佳本。

原書有一些塗抹之處，並不完全正確，恐為收藏者之筆墨。因為著墨甚深，不易恢復原狀，並且尚有部分參考價值，故暫存其舊。另有個別字，疑為錯誤，因存其眞，未敢遽改。我們只對有些顯著的錯誤之處，做了一些修改的工作；對缺少目錄和編排不當的部分原版本，我們根據內容進行了加工、調整，使其更具合理性和可讀性。有個別原始版本，由於出版時間較早，保存時間長，存在殘頁和短頁的現象，雖經多方努力，仍沒有辦法補全，所幸者，就全書的整體而言，其收藏、參考、學習價值並沒有受到太大的影響。希望有收藏完整者鼎力補全，以裨益當世和後學，使我中華優秀傳統文化承傳不息。

為了更加方便廣大武術愛好者對古拳譜叢書的研究和閱讀，我們對叢書作了一些改進，並根據現代人的閱讀習慣，嘗試著做了斷句，以便於閱讀。

由於我們水平有限，失誤和疏漏之處在所難免，敬請讀者予以諒解。

中央國術館張館長子姜先生提倡國術嘗謂強種救國舍是末由此為公最近肖影奕奕手神同深瞻仰

著者馬永勝肖影

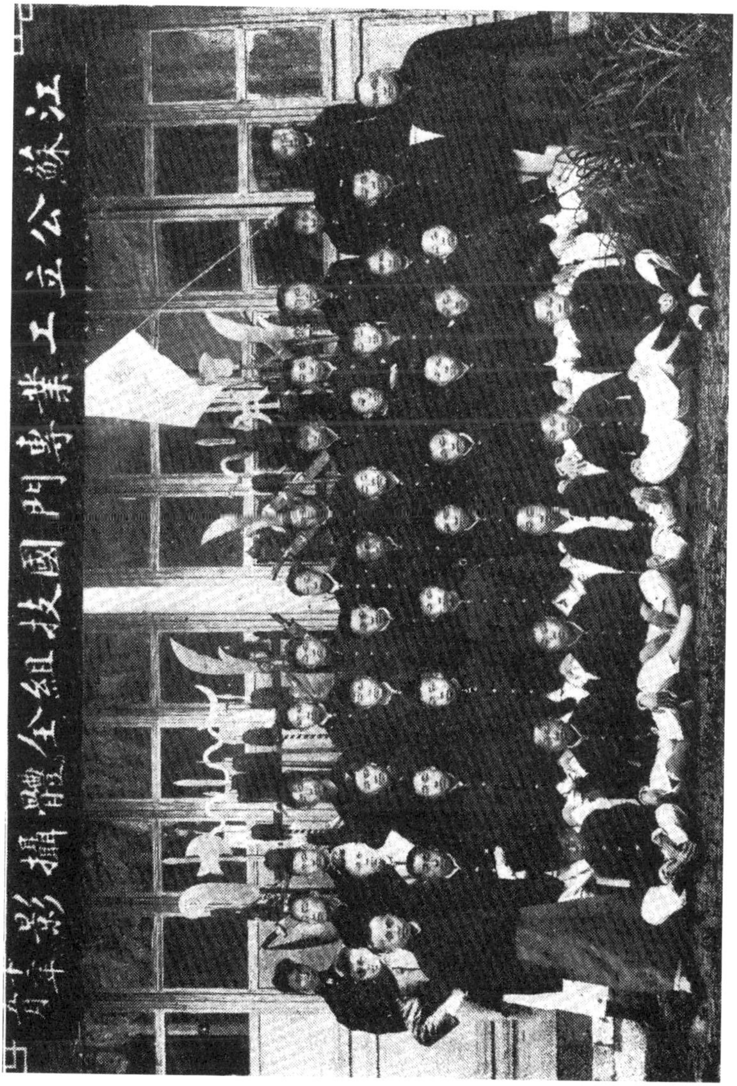
江蘇公立工業專門國技組全體攝影

新太極劍書目次

乃武乃文

鈕永建

革故鼎新

李景林題

序

古有劍仙劍俠，心竊慕焉。然劍訣奧妙，不過耳食其神，究未見傳術之人也，良為一生之憾。自中央設館，專研國術，經張子岷、李芳辰先生積極提倡，延聘各派專家，於是古來所矜神秘之術，皆可明其傳授之淵源，公諸世人。今春履揚，得識馬鈺山先生，觀其傳授劍術，神形俱妙，儒雅絕俗，得手印心，翩若飛鳳，劍芒閃電，捷若騰虹。其運用之妙，實有難於形容之處，劍術從此可大放光明，不致失傳矣。玉甲與楊君斌甫、周君渭泉均好之，故受教焉，樂為之序。

民國二十年四月　豐潤陳玉甲序於揚州

新太極劍自序

夫劍之為物，古人往往以書為輔，故曰學書學劍，又曰三尺龍泉一卷書，是其為物也，何其偉歟？今也科學昌明，器械日新，吾人遂多棄之而不講，一如《論語》代薪，《六經》束閣者，吁可慨也。然而海內志士，聞雞起舞者猶不乏人，良以國難孔亟，欲濟時艱，非實事求是，鍛鍊特殊之體魄不為功。故愛國之士，皆專心致志，夙夜研練，以作強身強種自衛衛國之運動。余自愧不文，惟於技擊稍知門徑，爰將生平歷練所得，掇其菁華，吐其糟粕，俾將各種劍法混合於一，悉心研究，歷數寒暑，輯成是書，綜計六十四劍，演成八卦形式，名曰《新太極劍》。凡書中一式一圖，依次解述，均有合於生理衛生之研討，並繪具八卦方位圖解，仿科學之方法，述之綦詳，瞭然易解。俾從事於斯者，可人手一篇而按圖索驥，不致有扣盤捫籥之慮，茲行付剞劂矣。為志數言於首，其於個人之鍛鍊，或團體之教授，莫不適用，而有志強身強國者，尤當以此為發軔之基。第倉卒成書，掛漏或恐不免，尚冀海內方家，隨時糾正之也。

民國二十四年六月山左聊城馬永勝序於姑蘇寓次

新太極劍例言

（一）本書之目的，為發揚劍術之道。每式之中，無不細心迭次試驗，詳加研究，攻守俱備，簡要易曉，並無繁衍重複之處。鍛鍊日久，於身心兩有裨益，對於體魄自健全矣。

（一）本書所有姿勢動作，均含陰陽開合之義，剛柔兼備，運用靈巧，周折活潑，變化敏捷，始終節斷，正合適用。能將此劍練習純熟，姿勢動作無不優美。

（一）所著此劍運用之法，係本人歷練所得，混合而成，及採納十三勢之劈、掤、點、截、抽、帶、提、攪、擊、刺、格、攔、洗諸法俱備，如太極拳中十三勢之掤、攦、擠、按、採、挒、肘、靠、進、退、顧、盼、定諸相法合。此二概論是太極運用之本，其姿勢動作為運動之

源，無論攻守不外乎由此變化。

（一）按練劍與刀不同，如右手握劍柄時以中間為適用，使其運用靈活；如左手伸出時，食指與中指伸直，其餘三指彎曲揑緊，為七星劍訣。在運用之時不可忽略。

（一）按劍之源流，發明最遠。古代黃帝之際，以銅鐵石鑄劍，各有定式尺寸，長短不同。其他劍書列入種種，不過由舊書中閱來而矣。現今科學進化，國術盛行，須實事求是難得效果。余編此書一目了然，學而易得，練而易成。其他神仙劍俠，本書已取締矣。

（一）按劍之式樣，無須講論古代，況尺寸長短輕重，均以身體大小運動靈活為適當。大概杭州龍泉劍輕妙優美；蘇州之劍式樣亦可，若能應用須定造為佳；其他處之劍，鋼鐵雖優，式樣不同，均可用之。

（一）本書注重生理與戰鬥。著者對此二項之運用，氣力平勻，姿勢柔活其中並無劇烈動作，運動均合生理。此劍之變化，手手連絡，供東指西，對拆對破，正適合於戰鬥作用，望學者特別注意。

（一）本書因限於篇幅，及倉卒付印之故，其中難免疏忽錯訛，倘有不周之處，尚希時賢予以糾正。

新太極劍八卦方位圖解

余編此《新太極劍》一書，除依式攝影逐條說明外，並於篇首繪八卦方位圖一幅。該圖計編成六十四式，合計八路，每路按照圖中號碼挨次練習。未開始之前為預備式，即無極意義，參天地含陰陽，包羅萬象之謂也。如此劍中欲動未動之姿勢，平身定立目向左視，以心意為作用，所以無極為始，還原為終。由無極而生太極，兩儀四象五行八卦為之俱備也。凡開始站立之地點，無論東西南北任何方向，均以東為起首標準。東屬震位，震主動，萬物發生於東。初練時以預備式為起點，先演成太極圓球形式，而後再分為八卦，演畢後復初式地點，而仍歸於起首處為太極還原，是練此劍之途徑也。由太極而生兩儀，圖中第二十二式，定立中間為陽；三十八式，退步坐盤為陰。此二式均在圓圈之中，分上下安定，即陰陽也。兩儀生四象，此劍四斜角有要劍四動即四象也。四象生五行，按進退顧盼定五位也。五行生八卦，如圖分八路乾坎艮震巽離坤兌為八方也。始第一路由震至離，第二路坤，第三路震，第四路乾，第五路艮，第六路坎，第七路巽，第八路兌。此八路為運用之方向也。惟練此劍時，須平心靜氣，進退循環，從始至終，接續不斷；動者即攻，靜者即守，行進敏捷，姿勢剛柔。能知此意則近道矣。希諸同胞願練此劍者注意。

（該圖附列於後）

新太極劍圖

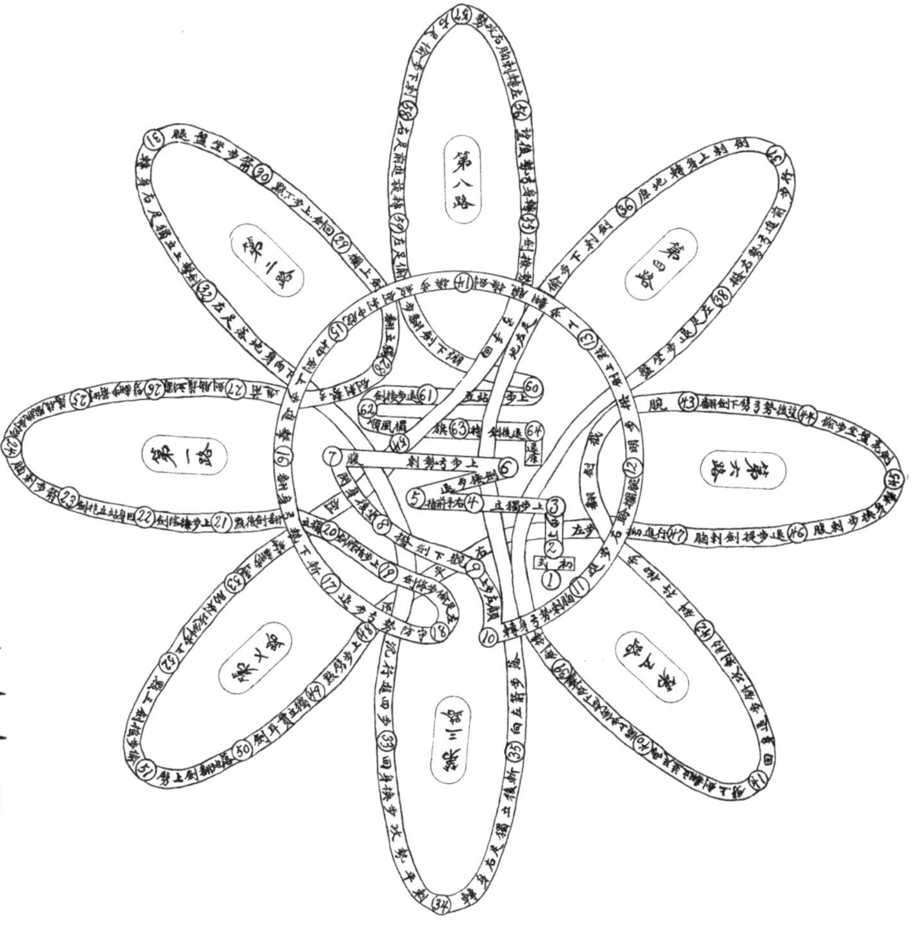

山左聊城鈺山馬永勝繪

劍法五種要領

頭眼身手步

㈠頭法者，運動之時且應正直，不可任意歪斜。無論何種姿勢，頭如不端，姿勢動作均不得正確，與教授法定然不良，雖然功夫精深，亦稱為缺點。所以頭之部位，與練者最應注重。

㈡眼法者，運用之時要神清精銳，前後上下左右回顧，臨用時一瞬即明。如著目的之處，切要眼劍相隨。如眼不到劍先到，必有險處。一身之精妙，各種的變化，全在乎眼快而矣。

㈢身法者，應含胸拔背，氣沉丹田。身法正確，腰勁柔軟，所為練劍的必要之件。輾轉進退，變化靈活，皆出於腰。如腰身板滯，周折不活，難生效用，何克勝敵？惟身法動作更加注意。

㈣手法者，應伸縮急快，變化敏捷，肩節鬆動，肘腕圓活。凡持劍時，要手心空虛，劈刺得力。如將手握緊，為死把劍，周折不易，變化不靈，倘遇對敵，亦難應之。如左手持劍訣，五指伸曲切要分明。

㈤步法者，切要進退迅速，站立穩固，閃展巧妙，騰跳輕靈，或弓步、箭步、偷步、丁步、擊步、斜行拗步、倒行箭步，均宜正確明顯。如遇轉環之勢，以足尖著地，任意旋轉，不致中輟。練者注意。

說明

以上所述，頭眼身手步五法，為練劍之重要。不但練習劍術，無論任何拳械均應如此。若將該劍能與五法相合，精氣神自能一致，鍛鍊日久，劍如風雲，身如游龍；身與劍合，劍與神合，身劍神合一，是為練劍之奧妙矣。望學者幸勿輕視也。

劍之十三勢用法

劈掤點截抽帶提攪擊刺格攔洗

劈　分為正劈反劈立劈。前進弓步或箭步，隨使劍迎面向上至下，均為正劈。退後轉身，倒箭行步，或左右翻身劈之，均為反劈。前進上步，兩足併攏，將身站定，為立劈。凡用劈勢均宜手腕挺直，前足著實為要，或頂面胸腹順勢用之。

掤　分正掤反掤。如敵方向我進擊時，隨往後閃身下落，乘勢將劍尖朝上猛掤敵腕，為正掤。或將身往左閃開，右足拗步成為三角形式，隨使劍下繞，手心向上翻掤敵腕，為反掤。右臂猛挺即著，以速為要。

點　此勢為反攻之用。如敵方使劍刺截我手腕，隨即閃身將劍繞開往前直點敵腕。左右變化均可用之。倘敵方從後面追隨時，即向右閃轉身點其面部，手腕以柔活為要。

截　有反正下三種截法。如敵方向我用劍擊刺，身隨往左閃開，為避敵之劍，隨即繞劍截敵手腕，為反截。或身往右偏，隨抽劍向敵腕臂截之，為正截。或順勢箭步屈身截腿，為下截。此三種乘勢用之。

抽　此勢為連環用法。如進擊之時不著目的處，隨即將劍後抽，不得逗留，再往前進，或擊刺胸肋均可，以弓步式為適用。

帶　敗中取勝。如敵方用劍攔攬我手腕，隨將劍向敵腕上邊順勢向後帶之，劍口向上，破敵前進。倘截我手腕，順帶其腰，左右變化用之。

提　此勢敵劍截我手腕，隨翻腕用劍往前上提之，敵腕必傷。前足著實。倘敵劍靠近我身，隨往後提，後足著實，順勢酌用。

攬　分為直攬橫攬，進退之用法。如敵方使劍截帶我手腕，即用劍尖攬敵手腕，或前進後退繞圈時，劍尖圈稍小，劍柄圈稍大，手腕柔活為要，左右足虛實不定。

擊　分正擊反擊，均以巧力猛擊，乘勢向敵頭面胸腹用劍擊之。弓式箭步，均為正擊。閃身拗步，翻腕繞劍，向敵耳部斜擊，身向前俯，右臂伸直，為反擊。此二勢以敏捷為要。

刺　分為四種上下中左。上刺耳面咽喉，下刺腿足小腹，中刺胸腹腰部，左刺肋脇，均以弓步式相宜，劍口分上下用之，以猛力為要。此勢為進攻之式，手腕挺直乘勢用之。

格　為防禦用法。如敵方向我進擊，隨將劍由下往敵腕處上格，劍口稍斜，避敵劍落空，隨反格其腰肋均可。如敵後退，即追隨格之，不可遲延，以防為攻。其格法以身稍斜，腰身虛靈手法圓活為要。

攔　有反正攔。如敵前進對我擊刺，隨即閃身向左，翻劍攔敵手腕，為反攔。或將身向右偏，用劍攔其腕臂均可，為正攔。左右變換乘勢用之，以手腕靈活為要。

洗　如敵方向我平刺，隨翻腕使劍向敵手臂橫洗，或前進後退洗敵手腕，左右變換連續不斷，由上而下手心翻轉，追隨其身，進退迅速，變化靈巧，以快為要。

用法說明

以上十三勢之用法，均要手急眼快。如取防勢，閃展騰避斜行拗步以三角式反攻便利。如取攻勢，上步弓式前行箭步以正面進攻便利。況運用劍時全在乎變化，動則即變，變則即著，幸勿游疑，膽量充足，定能勝敵。練此劍者，加以注意。

新太極劍歌訣

初式穩定向左觀看
獨站鰲頭右足定立
退步接劍手心相對
鱷魚擺尾閃身後坐
上步左顧清風迎面
進步右盼翻劍攔腕
翻腕掤劍鋒剖丹田
右足上步抽劍進擊
勒馬聽風退步防守
上步指膛暗劍難防

持劍丁步左腿稍懸
右手前指左勢弓箭
上步刺腹右腿進前
撥草尋蛇目向下觀
轉身刺胸浩月當前
明步撥劍迎面上點
換步絞劍擊刺中腕
臥虎翻身弓勢下斬
偷步停劍目向右觀
鳳凰展翅翻劍後點

變化神奇撩陰下刺
餓虎掏心得風即進
倒行箭步翻身下劈
前進擊刺以守變攻
回劍上步青龍點水
轉身上擊金龍探爪
閃身換步誘敵攻刺
騰空懸劍雁落陣地
行步前進撥雲掃月
轉劍入海烏龍擺尾
回身退步穿指找肋
翻劍下掤弓勢後望
轉身換步腹前進擊

回身用計定立中間
防劍帶腕身落後邊
金雞獨立劍護胸前
翻劍上攔立撒金錢
金錢落地箭步坐盤
游龍戲水行步連環
孤雁回頭獨立後斬
臥龍轉身上刺眉間
退步坐盤萬笏朝天
太山壓頂繞劍上翻
斜行拗步劍截敵腕
白鶴亮翅偷步坐盤
提劍埋伏猛刺胸前

行進拗步劍分左右　右足上步攻勢劈點
上步獨立雙風貫耳　落地翻劍立劈華山
金獅搖頭偷步三點　抽劍斜刺敵人膽寒
還步翻劍擊其不備　回手提劍變化莫端
轉身下勢金龍出水　猛虎轉身即刺胸間
偷步暗刺敵人難防　鳳凰旋窩右足進前
翻劍下掤哪吒探海　上步站立穩如泰山
退步接劍雙足併攏　順風擺旗目向左觀
左手持劍隨往後退　定步左視太極還原

運用劍圖

此劍純鋼製成，有彈力為佳，以輕靈為妙，況尺寸長短，按體格大小酌量定之。

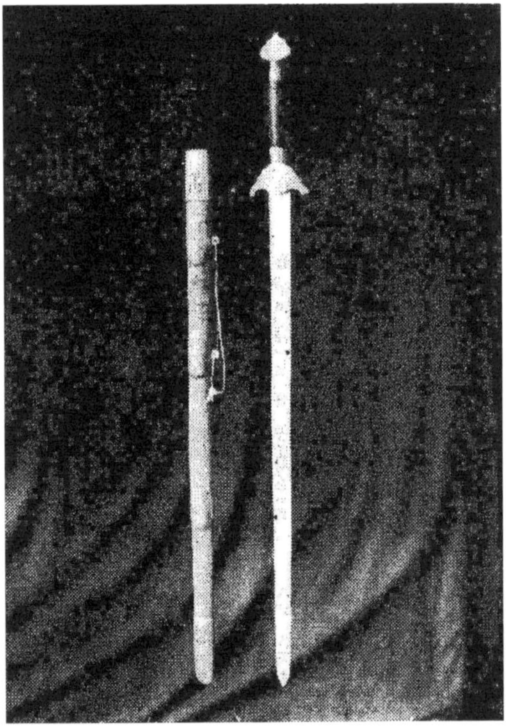

新太極劍目錄

第二十一圖　撩陰下刺
第二十二圖　回身定立
第二十三圖　箭步刺心
第二十四圖　防劍帶腕
第二十五圖　倒劍翻劈
第二十六圖　獨立護胸
第二十七圖　腹前攻擊
第二十八圖　翻劍上攔
第二十九圖　青龍點水
第　三十　圖　箭步坐盤
第三十一圖　金龍探爪
第三十二圖　行步連環
第三十三圖　誘敵攻刺

第三十四圖　獨立後斬
第三十五圖　雁落陣地
第三十六圖　上刺眉間
第三十七圖　撥雲掃月
第三十八圖　萬笏朝天
第三十九圖　烏龍擺尾
第　四十　圖　太山壓頂
第四十一圖　穿指找肋
第四十二圖　斜行拗步
第四十三圖　弓勢後望
第四十四圖　白鶴亮翅
第四十五圖　腹前進擊
第四十六圖　提劍埋伏

新太極劍八方五位圖解

本書《新太極劍》共分八路，先從預備式起點，即無極也，乃天地未分之性，混混沌沌，無形無象，如此劍未開始之動作相同。由無極而生太極，從震字推進，演成圓圈形式，為太極也。再往第一路離字，次往坤震乾艮坎巽兌路數，一一循環，按照總圖次序而演之。其中二十二式，定立中間為陽；三十八式，退步坐盤為陰，即兩儀也。四角有要劍四動，為四象也。進退顧盼定五位為五行也。演成八方路數為八卦也。此圖太極兩儀四象五行八卦俱備也。此劍練習完畢而仍歸於起首處，為太極劍還原也。該圖附列於後。

新太極劍八方五位圖

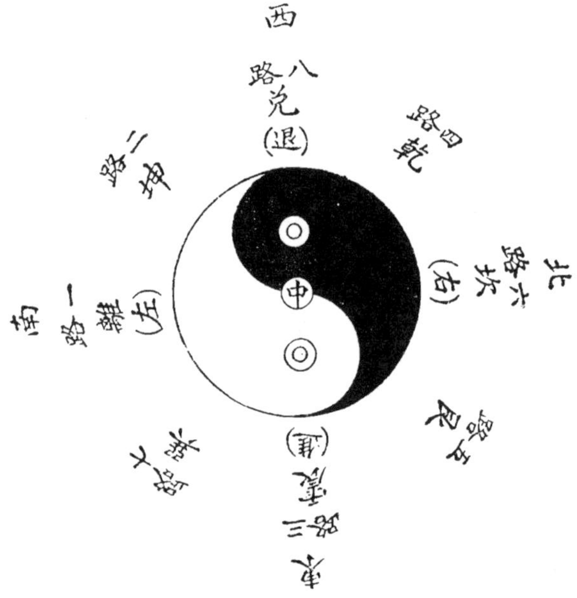

新太極劍解說

第一式　穩定左觀

【解說】

預備式，兩足併攏，站於左前方開始地點，距離與中間約兩步。左手持劍，附於左臂後邊，左右臂均向下伸直，靠於兩腿傍，右手中指與食指伸直，其餘三指捏緊為劍訣。目向左視，兩肩下鬆，平心靜氣，如無極形式，全身穩定，氣抱丹田，下連二式。

第一圖　初式穩定向左觀看

【用法】

此式運用，穩定左觀，恐運動範圍內有無障礙。無論何拳械，均有此項姿勢，或東西南北任何方向，站立時以上首為標準。

第二式　持劍丁步

【解說】

接前式，開始時先用右足向前邁進一步，落地後右腿隨向下彎曲，左足亦隨向前進一步，落於右足前邊，足尖著地，左腿稍懸，一身重點落於右腿上，左腿稍為彎曲，不要用力。左手仍持劍附於左臂後邊，右手與左足同時向前伸出，右手尖朝上，與鼻尖相齊，右臂稍彎。兩肩下鬆，目仍向左視。下連三式。

第二圖　持劍丁步左腿稍懸

【用法】

此式運用，為開始動作，使其手足活潑，精神振作，身劍神合一，兼能柔活全身，及發動右腿之力。

第三式　獨站鰲頭

【解說】

接前式，左足原地不動，右足隨向前一步，落地時將身立直，右腿獨立，左足隨向上提起，左腿抬平，足尖朝下。左手仍持劍附於左臂下邊，劍尖向左對直，左臂停於胸平。手心向下；右臂同時抬起，右手從左臂裏邊向上伸出，手心向外，右臂稍彎。右足穩定，一身重點落於右足。氣往下沉，目向左平視。下連四式。

第三圖　獨站鰲頭右足定立

【用法】

此式運用，亦無進擊之意，站立姿勢能發動右腿與右足之力，使其兩臂平均發展，精神振定。

第四式　右手前指

【解說】

接前式，右足原地不動，左足向左前方邁開一大步，落地時左腿攻平，右腿伸直，作為左弓步式。左手持劍從左膝前邊向左繞過，停於左脇旁，左臂向下伸直，劍仍附於左臂後邊，劍尖朝上；隨用右手由上往後再向前平指，手心向下，右臂伸直，與右肩相平。身往下落，左膝與左足尖相對，目視右手。下連五式。

第四圖　右手前指左勢弓箭

【用法】

此式運用，向前弓式，仍無進擊之意，純是練習全身活潑，姿勢正確及發動兩腿與右臂之力。

第五式　退步接劍

【解說】

接前式，右足原地不動，左足隨向後退回半步，落於右足左邊，足尖點地，作為丁字步，身往下落，一身重點落於右足，兩膝均向下彎曲。左手與右足同時退回，劍仍附於左臂下邊，手心向下，左臂向內彎曲；隨用右手同時退後，右臂亦彎曲，手心向上，從胸前接劍，兩手心相對，兩肩下鬆，目向左視。下連六式。

第五圖　退步接劍手心相對

【用法】

此式運用，以作防禦姿勢。係敵方未進之時，劍尖朝前，以備進擊；能使腰部柔活，又可發展兩臂與右腿之力。

第六式　上步刺腹

【解說】

接前式，左足先往前方一步，落地時右足隨邁一大步，落於左足前邊，右腿攻平，左腿伸直，身往下落，作為右弓步式。右手持劍隨向前平刺，手心向上，劍身端平，右臂伸直與右肩相平；左手食指與中指伸開，其餘三指彎曲捏緊，由左膝前邊繞過左臂，往左上架於頭頂上邊，手心向前，目視劍尖。下連七式。

第六圖　上步刺腹右腿進前

【用法】

此式運用，為向前進攻之勢，目標向小腹用劍猛刺，且慎用之；並可發展全身及兩腿之力。

第七式　鱷魚擺尾

【解說】

接前式，左足原地不動，左腿向下彎曲，身隨往後坐，右腿同時由前退後半步，作為丁字式，右足尖點地，右腿稍彎，一身重點落於左足。兩臂同時隨向下落，左手尖附於右腕旁，手心向前，左臂稍彎；右手持劍往下落時，用劍尖向上猛帶，停於右膝前，兩臂稍彎，兩肩均往下鬆，身稍向前俯，目視劍尖。下連八式。

第七圖　鱷魚擺尾閃身後坐

【用法】

此式運用，如敵方用劍向我擊刺，隨時使劍尖向敵手腕猛帶；並柔活腰部及發展兩手腕與左腿之力。

第八式　撥草尋蛇

【解說】

接前式，左足原地不動，先用右足向左邊邁開一步，落地時足尖點地，足跟稍抬，兩膝彎曲，一身重點落於左足。左手從前由下向左邊繞過，左臂向左伸直，手尖朝上，與頂相平；右手持劍向內翻轉，由上往左再向右下撥，劍尖朝下，劍柄隨向上提，手心朝後，右臂伸直。身往下落，稍向左偏，目視劍尖。下連九式。

第八圖　撥草尋蛇目向下觀

【用法】

此式運用，如敵方用劍向我腿部或小腹擊刺，隨閃身使劍往下撥開，為防禦式；並活潑全身及發展左腿之力。

第九式　上步左顧

【解說】

接前式，左足原地不動，右足先向左前方半步，左足亦隨向左前邁開一大步，落地時作為左弓步式，左腿攻平，身往下落，右腿伸直。右手將劍從下向內翻轉，由下往左上格之，劍尖對左前方，劍口朝左上，右手心向上；左臂同時向左前伸，手尖附於右腕旁，左臂稍彎，肘向下垂，手心向前，目視劍尖。下連十式。

第九圖　上步左顧清風迎面

【用法】

此式運用，目向左顧，如敵方用劍向我左邊擊來，或刺我耳面，即使劍向敵手腕翻格；並能發展兩臂及兩腿之力。

第十式　轉身刺胸

【解說】

接前式，兩足原地不動，足跟稍抬，使足尖移動，身隨右後轉成為右弓步式，右腿攻平，左腿伸直，身往下落。右手持劍，同時由左後從下往右後平刺，劍口朝上，右臂伸直，與右肩相平，手心向左；左手尖同時亦向右後仍附於劍柄後，手心向前，左臂稍彎，停於胸前。兩肩下鬆，氣往下沉，目隨劍平視。下連十一式。

【用法】

此式運用，倘敵方從背後前進，身即向後轉，使劍向敵胸部平刺；並柔活腰身，鬆動兩肩及發展兩腿之力。

第十圖　轉身刺胸浩月當前

第十一式　進步右盼

【解說】

接前式，右足原地不動，先將左足往右足前邁一橫步，足尖偏左，身往下落，兩膝下屈。左手向右肩旁斜伸，右手使劍向上往回翻轉，右手腕向內，將劍從左臂外邊由上往左後向下再往右前方上攔，劍口斜右上，右腿同時向右前一大步，成右弓步式。左手往左後繞一圓圈，手尖附於右腕。看右手。下連十二式。

【用法】

此式運用，如敵方從右面上擊，隨使劍上步翻攔敵腕，或截其臂均可；並能活潑兩臂，發動全身與兩腿之力。

第十一圖　進步右盼翻劍攔腕

第十二式　迎面上點

【解說】

接前式，右足原地不動，左足向左前方邁一橫步，足尖偏左，右膝停於左膝下邊，身往下落，兩腿向下彎曲，右足跟抬起。左手隨往右肘下邊繞過，右手將劍從右上向下從左臂外邊向左後往上再向右前方上點，右臂伸直，劍口朝上，手心向左；左手由下同時向左平伸，手尖朝上，與頂齊。目視劍尖。下連十三式。

第十二圖　明步撥劍迎面上點

【用法】

此式運用，如敵方從正面向我進擊，隨使劍向下撥開往敵方面部擊點均可；並能柔活全身，發展兩臂與兩膝之力。

第十三式　鋒剖丹田

【解說】

接前式，左足原地不動，右足先向左前方邁一大步，作為右弓步式。右腿攻平，左腿伸直，身往下落。左臂隨往前伸右手腕同時向內翻轉。將劍由左臂外邊從上往左後繞過由下隨向右前方翻腕下掤，虎口朝下，手心向前，右臂伸直，與右肩相平；左臂隨向前伸，稍為彎曲，手尖附於右腕。目視劍尖。下連十四式。

【用法】

此式運用，如敵方向我進擊，隨使劍向下撥開，即順手下掤敵方腹部或丹田均可；亦能活潑全身，發展兩腿之力。

第十三圖　翻腕掤劍鋒剖丹田

第十四式　劍刺中脘

【解說】

接前式，右足原地不動，左足向左前方邁一橫步，足尖偏左，右膝停於左膝下邊，身往下落，兩腿向下彎曲。左手向右臂下伸，右手將劍由左臂外邊從下撥回往左後上繞再向前平擊，右臂同時伸直，身稍向前俯，劍與右肩相平，右手心向左；左臂隨向左後伸直，手尖朝上，與頭頂平，目視劍尖。下連十五式。

第十四圖　換步紋劍擊刺中脘

【用法】

此式運用，倘敵方向我擊刺或點手腕，隨時用劍下撥，身往左閃，即向敵之中部猛擊；並鬆動兩膝，發展兩臂與兩腿之力。

第十五式　抽劍進擊

【解說】

接前式，左足原地不動，右足稍為抬起，足尖向下，左膝仍向下彎曲。右手抽劍隨往後提，劍口朝下，右臂稍彎；左手向前下指，手心向右，左臂伸直。右足隨向前進一步，作為右弓步式，右腿攻平，左腿伸直，身往下落。同時，將劍往前下刺，右臂伸直劍，口朝下；左手尖附於右腕，左臂稍彎，目視劍尖。下連十六式。

第十五圖　右足上步抽劍進擊

【用法】

此式運用，如敵方使劍截我手腕，隨時將劍後抽引敵前進，順勢即向下部擊刺均可；並發動兩腿與兩臂之力。

第十六式　翻身下斬

【解說】

接前式，右足原地不動，左足隨向左前邁一大步，落地後同時兩足尖不動，足跟稍為抬起，隨向右後轉身，作為右弓步式，左腿伸直，右腿攻平，身往下落，稍向前俯。右手使劍由左下往上再向右後下劈，右臂伸直，劍尖離地稍許，手心向左；左臂由後向左上架起，手心向外，稍停與頂上，目向下觀。下連十七式。

【用法】

此式運用，如敵方從背後進擊，隨翻身下劈，或胸腹腿足乘勢用之，劈斬均可；並能柔活腰部，發展兩腿之力。

第十六圖　臥虎翻身弓勢下斬

第十七式　退步防守

【解說】

接前式，左足原地不動，先將右足退後一大步，作為右弓步式，左足跟同時抬起，足尖著地，稍向左移動，左腿伸直，右腿攻平，身稍向右俯。右手將劍從下往右後上提，劍與右肩相平，劍尖向左，手心偏下，右臂稍彎；左手同時由左上往下附於右手腕，手心向外，左臂稍彎，劍身離左臂寸餘，目向左視。下連十八式。

第十七圖　勒馬聽風退步防守

【用法】

此式運用，為防禦姿勢，以備敵方進擊時，或向後提劈，往前擊刺均可，順勢應用；並活潑腰部，發展兩臂與兩腿之力。

第十八式　停劍左觀

【解說】

接前式，右足原地不動，左足先向右足後邊偷步，左膝停於右膝下，足跟抬起，足尖著地，兩腿均向下彎曲，身隨往下落。右手使劍先往左方刺出，由左向上再往右後停劍；右臂向右後伸直，虎口向上，劍口朝後，劍尖朝上；左臂隨向左由上往右後繞一圓圈，停於右肩旁，手尖朝上，臂彎曲，目向左視。下連十九式。

第十八圖　偷步停劍目向左觀

【用法】

此式運用，為左顧右盼之勢，恐敵方由左右進擊，乘勢用之，暫時防禦，左刺右劈均可；及柔活腰部，鬆動兩肩，發展兩膝之力。

第十九式　上步指膛

【解說】

接前式，右足原地不動，左足先向左前方邁一大步，作為左弓步式，右腿伸直，左腿攻平，身隨往下落。左臂由右後往下向左前方繞過，左手上引，右手隨使劍由右後從下往左前平刺，右臂伸直，手心向左，劍口朝上；左手停於右臂上邊，手尖朝後，手心向外，左臂彎曲，停於胸前，兩臂交叉，目視劍尖。下連二十式。

第十九圖　上步指膛暗劍難防

【用法】

此式運用，如敵方從左面前進，使其不備，將劍由下向前暗刺胸部；並且活潑全身，發動兩腿之力。

第二十式　翻劍後點

【解說】

接前式，右足原地不動，先將左足向上提起，左腿抬平，足尖向下，靠於右腿旁，右腿同時站立，一身重點落於右足。右手將劍由左前方從上往右後翻腕平點，右臂伸直，與右肩相平，劍尖朝後，劍口向上，手心向左；左臂同時由下向左上前伸，手尖朝上，手心向前，左臂稍彎與頂平，目向右後觀。下連二十一式。

【用法】

此式運用，倘敵方從後面前進，隨使劍向後翻點敵之面部或頭頂均可；並發展兩臂，鬆動兩肩及右足之力。

第二十圖　鳳凰展翅翻劍後點

第二十一式　撩陰下刺

【解說】

接前式，右足原地不動，左足先向前落地，右足隨向左足前邁一大步，作為右弓步式，右腿攻平，左腿伸直，身往下落。右手將劍從右後往下向左前方下刺，右臂伸直，手心向上，右臂與右肩平；左臂同時由前往下向左後邊伸直，與左肩平，手心向上，手尖朝後。兩肩鬆動，氣往下沉，目視劍尖。下連二十二式。

第二十一圖　變化神奇撩陰下刺

【用法】

此式運用，如敵方向我正面進擊，隨使劍乘勢由下向前刺敵腹部或小腹均可；並能活潑腰部，鬆肩舒胸及發展兩腿之力。

第二十二式　回身定立

【解說】

接前式，左足原地不動，身先立起，右足同時隨身退後一步，與左足併攏，定立中間，胸對正面，氣往下沉。右手將劍收回時，手背與左手猛擊，抱於胸前，兩手心均向上，劍身端平，劍尖朝前；左臂同時由左後向前停於胸前，兩手合抱，手心均向上，右手在上，左手附下。兩臂彎曲，將身穩立，目視前方。下連二十三式。

第二十二圖　回身用計定立中間

【用法】

此式運用，如對方進攻時，隨將身退回暫作防禦，乘勢變化，又為圖中之陽式及活潑身手發動兩腿之力。

第二十三式　箭步刺心

【解說】

接前式，先用左足向前邁進一步，左足尖稍為用力，足跟抬起，右足隨向前用力箭步，落地時左足再向右足前邁一大步，作為左弓步式，左腿攻平，右腿伸直，身往下落。左手同時由下往前上繞一小圈，左臂隨向裏收回，停於右手旁；右手同時將劍向前平刺，右臂伸直，手心向左，目視劍尖。下連二十四式。

【用法】

此式運用，為變更進攻之勢，使敵不備，用力箭步將劍猛刺胸部；並活潑全身及發動兩腿之力。

第二十三圖　餓虎掏心得風即進

第二十四式　防劍帶腕

【解說】

接前式，右足原地不動，身隨往後落，右膝向下彎曲，一身重點落於右足，左足同時稍向後移動，左腿伸直。右臂同時猛向後下落，稍為彎曲，右手將劍尖向前上猛帶，劍柄停於小腹前，手心向左，劍口朝上；左手尖附於右腕旁，左臂同時與右臂下落，兩臂稍彎，手心向下，兩肩下鬆，目視劍尖。下連二十五式。

第二十四圖　防劍帶腕身落後邊

【用法】

此式運用，彼方使劍向吾進擊，隨將劍尖向上猛帶，敵腕必傷，身向後閃，以備還擊；並柔活腰部，發展右腿之力。

第二十五式　倒劍翻劈

【解說】

接前式，右足原地不動，足尖稍為移動，身向右轉，左足往右足後邊一步。右臂隨向右後帶，右手提劍，左手尖仍附於右腕旁，劍尖朝左下，右臂稍彎。左足尖用力，右足抬起，隨向後倒箭一步，落地時身向右後轉，作為右攻步式。右手將劍從左後由上向前下劈，左手架於頂上，手心向前，目視劍尖。下連二十六式。

第二十五圖　倒行箭步翻身下劈

【用法】

此式運用，倒箭步為敗中取勝。如敵方追隨時，隨往後箭翻身下劈，由上而下，或頭面腹足均可傷之；並活潑全身與兩腿之力。

第二十六式　獨立護胸

【解說】

接前式，左足原地不動，先將右足提起，右腿向後抬平，右足尖朝下，靠於左腿前邊，同時將身立起，左腿站直，一身重點落於左足。右手同時往胸前收回，右臂彎曲，右手將劍端平，手心向上，劍尖朝前，左臂同時彎曲，手尖附於劍柄後邊，手心向前。兩肩下鬆，氣往下沉，稍為含胸，目視劍尖。下連二十七式。

第二十六圖　金雞獨立劍護胸前

【用法】

此式運用，為誘敵之勢，將身退回引敵前進，將劍護胸乘勢反攻；並可發展兩臂與左腿之力。

第二十七式　腹前攻擊

【解說】

接前式，左足原地不動，右足先向前落地，成為右弓步式，右腿攻平，左腿伸直。身往下落，稍向前傾，右膝與右足尖相齊。右臂同時向前伸直，右手持劍隨往前平擊，手心向上，劍尖朝前，劍刃向左右；左手尖仍附於劍柄後邊，手心向前，左臂稍彎，仍停於胸前，與右臂同時向前伸出，目視劍尖。下連二十八式。

【用法】

此式運用，為進攻姿勢。如敵方向我前進，隨時使劍向敵腹部猛擊；並發展兩臂與兩腿之力。

第二十七圖　前進擊刺以守變攻

第二十八式　翻劍上攔

【解說】

接前式，兩足原地不動，先用左手由前向上往左後邊下繞，身亦隨往左後落，右手腕同時向內翻轉，將劍由前上往左後隨左手向下同繞，再由左下隨往前上提劍上攔，護於頂上，劍刃朝上，劍尖稍向下斜。左腿同時隨劍向前抬起，以平為度，足尖向下。左手隨劍上伸，手尖斜對劍尖，目視左手。下連二十九式。

第二十八圖　翻劍上攔立撒金錢

【用法】

此式運用，係防禦姿勢。如敵方用劍上劈，隨使劍上攔敵腕；並柔活腰部，發展兩臂與右足之力。

第二十九式　青龍點水

【解說】

接前式，右足原地不動，左足往偏右落，足尖向左，身往下落，腰隨向左扭，兩膝向下彎曲，右膝盤於左膝下，足尖著地。右手將劍同時由上先往左後下刺，左手隨停於右臂下，右手由後往上隨向右前方用劍下點。右足同時向右前半步，足尖點地，兩腿彎曲。左臂同時由後向上架至頂前，目視劍尖。下連三十式。

第二十九圖　回劍上步青龍點水

【用法】

此式運用，前後兼顧之勢。敵從後進，即刺下部；倘從前來，由後翻劍向前點之，並可柔軟腰部，發展兩臂與腿之力。

第三十式　箭步坐盤

【解說】

接前式，先用右足尖使力，足跟抬起，身向上騰，左足隨向右前方用力，箭步落地時左足先著地，足尖偏左，身往下落，右足停於左腿後邊，右膝至於左膝下，兩腿向下彎曲，作為坐盤式。右手同時將劍向右後抽，由下往上再向前下截，右臂稍彎，手心向內，左手尖與劍尖相對，兩肩下鬆，目視劍尖。下連三十一式。

第三十圖　金錢落地箭步坐盤

【用法】

此式運用，進攻之勢，抽劍箭步，身往下落，使劍向敵腿足截之；並能活潑全身，鬆動兩膝，發展兩腿之力。

第三十一式　金龍探爪

【解說】

接前式，右足原地不動，足尖稍向右擰，將身站起，隨向右後移轉，右腿立直，身稍右斜，一身重點落於右足，左腿隨向上抬平，足尖朝下。右手將劍同時由下向右後翻腕，往後上斜擊，手心向上；左手同時由下向右後上伸，左手尖附於右肘旁，手心向外，左臂稍彎，右臂伸直。兩肩下鬆，目視右手。下連三十二式。

第三十一圖　轉身上擊金龍探爪

【用法】

此式運用，如敵方從後面前進，隨轉身使劍往右後翻擊敵耳部；並活潑腰身，發展右腿之力。

第三十二式　行步連環

【解說】

接前式，右足原地不動，身隨向左轉。同時將左手向下再往左上邊伸出，左臂稍彎。身微下沉，兩腿稍彎。左手尖與頂齊，左足同時往左前方落地，向左邁進；右手同時將劍稍向下落，劍尖朝後上斜，右臂稍彎，手心向左，兩肩下鬆。隨向左前行進四步，如同弓背彎形，氣往下沉，意在後方，目視左手。下連三十三式。

【用法】

此式運用，並無進攻之意，為行進之動作，恐敵方從後追隨，可能敗中取勝；並柔活腰身，發展兩臂與兩腿之力。

第三十二圖　游龍戲水行步連環

第三十三式　誘敵攻刺

【解說】

接前式，右足落地時身隨向左後轉，左足亦隨向左後方邁進一步，作為左弓步式，左腿攻平，右腿伸直，身向下落。右手持劍亦同時隨身往左後轉，用劍平刺，手心向上，劍身端平，柄與胸前相平左；手尖附於劍柄後，手心向前，右臂伸直，身稍向前俯，左臂稍彎，兩肩鬆動，氣往下沉，目向前平視。下連三十四式。

【用法】

此式運用，為返攻之勢。倘敵方從後面追擊，隨用誘敵之勢，使其不備，用劍向敵腹部猛刺；並可發動全身之力。

第三十三圖　回身換步誘敵攻刺

第三十四式　獨立後斬

【解說】

接前式，右足原地不動，先將左足抬起，同時隨身向右後轉，左腿抬平，足尖朝下，靠於右腿旁，右腿獨立，一身重點落於右足。右手亦同時將劍從下向右後抽，由左下再往右後上用劍翻劈，以平為度，右臂伸直，劍口朝下；左手亦同時由左後從下往上落於右肩旁，手心向外，左臂彎曲，目視右手。下連三十五式。

第三十四圖　孤雁回頭獨立後斬

【用法】

此式運用，如敵方從側面進攻，或截我手腕，即抽劍轉身向右後猛斬敵腕，或身臂均可；並發動兩臂與右足之力。

第三十五式　雁落陣地

【解說】

接前式，右足原地不動。先用左手由右向下往左前指出。左足隨往左前方邁進一步，落地時隨用右足再向左方箭起一大步，落於左斜角，右足先著地，右膝向下彎曲，左足隨往右足後邊偷步，左腿伸直，身往左下落。右手同時將劍由右後從下往左斜角下刺，右臂伸直，左臂往左伸，目視劍尖。下連三十六式。

第三十五圖　騰空懸劍雁落陣地

【用法】

此式運用，為進攻姿勢。倘與敵方距離稍遠，隨騰身箭步，用劍下刺，或腿足均可；並能發展全身之力。

第三十六式　上刺眉間

【解說】

接前式，兩足原地不動，兩足跟稍抬，兩足尖均向左後旋轉。右手將劍由下往上向左邊繞，再由左上往下，同時隨身旋轉，向左後往上斜刺，成為左弓步式。左腿攻平，右腿伸直，身稍前俯。右臂伸直，手心偏左，劍口朝上，劍尖往斜上；左臂亦同時由後往左伸，手尖附於劍柄後邊，目隨劍視。下連三十七式。

第三十六圖　臥龍轉身上刺眉間

【用法】

此式運用，為變化姿勢。如敵方進擊，隨轉身避劍，即使劍往敵面部或喉部上刺；並可柔活腰身，發動兩腿之力。

第三十七式　撥雲掃月

【解說】

接前式，兩足尖向右後移轉，成為右弓步式。右手將劍停於左臂外邊，劍口朝外，左手同時附於右腕旁。隨往右前方行進四步，成一半圓形，右足落地時，隨將劍從面前往右而上往左撥一圓圈，再向右翻劍下掃，以平為度。左足同時再進一步，成左弓步式。兩臂左右平伸，兩手心向下，目視右手。下連三十八式。

【用法】

此式運用，為誘敵姿勢。如彼方從後面追隨，即使劍往右撥，或掃敵下部均可，並活潑全身之力。

第三十七圖　行進四步撥雲掃月

第三十八式　萬笏朝天

【解說】

接前式，右足原地不動，左足往右足後邊倒退一步，足尖著地，足跟稍抬，左膝停於右膝下邊，兩膝向下彎曲，身往下落，成為坐盤式。右手持劍由下向裏翻轉，停於胸前，劍尖朝上，手心向內；左手亦同時由下向內收回，停於胸前，手心向前，兩臂稍彎，兩肩下鬆，氣往下沉，重點落左足尖，目視劍身。下連三十九式。

【用法】

此式運用，為防禦姿勢。退步坐盤，稍為呼吸換氣。又為圖中之陰式，可隨勢變化用之；並鬆動兩肩，發展兩膝之力。

第三十八圖　退步坐盤萬笏朝天

第三十九式　烏龍擺尾

【解說】

接前式，左足原地不動，右足往右斜方伸出，右腿伸直，身仍下落。右手持劍隨往右後翻，劍尖伏地下超，從下往上再向左上由下往右繞一圓圈，身稍抬起，右手同時將劍向右上翻挑，劍尖朝斜上。左腿同時向右腿後邊偷步，足尖著地，兩膝彎曲，身向左偏。左臂由下往左上伸，手心向外，目視劍尖。下連四十式。

第三十九圖　轉劍入海烏龍擺尾

【用法】

此式運，用如敵方從右後進擊，使劍向敵引誘，隨翻劍猛擊胸腹均可；並能柔活腰部，發展兩膝之力。

第四十式　太山壓頂

【解說】

接前式，左足原地不動，右足隨向右斜角一步，左足隨與右足併攏，身同時站立。右手將劍由下往左後而上再向右前方上劈，劍身與右臂成一直線，與右肩相平，劍口手心均向下；左手同時由左上往右前繞一圓形，再往左上架起至於頭頂上，左臂稍彎，手心向外。氣往下沉，目視劍尖。下連四十一式。

第四十圖　太山壓頂繞劍上翻

【用法】

此式運用，倘敵方進擊時，隨將劍抽回，引其直入，使劍上劈敵之頭頂或面部均可；並能舒展兩臂之力。

第四十一式　穿指找肋

【解說】

接前式，先用左足往後退一大步，右足隨身亦往後抬起，勿落地，隨即向左前方邁一大步，落地成為右弓步式，右腿攻平，左腿伸直。右手同時將劍向後抽回，隨即由右往左前方斜刺，劍身稍平；左手同時向下亦往左後落，再往前平伸，手尖附於右腕旁，手心向下，兩臂稍為彎曲，目視劍尖。下連四十二式。

第四十一圖　回身退步穿指找肋

【用法】

此式運用，如敵方從左面前進，隨即將劍抽回，由右方向敵肋部斜刺；並能柔活全身，發動兩腿之力。

第四十二式　斜行拗步

【解說】

接前式，右足原地不動，左足往左前方邁一大步，右足亦隨向左足前偏左斜進一大步，落地時兩膝下屈，左膝停於右膝下邊，右足尖偏右，身隨往下落。右手同時將劍由下向左從上往右邊平截，右臂伸直，劍與肩平，劍口朝下，左手同時往左上斜伸，手尖朝上，左臂稍彎，兩肩鬆動，目視右方。下連四十三式。

第四十二圖　斜行拗步劍截敵腕

【用法】

此式運用，倘敵方從正面前進，隨即往左閃身，將劍由下而上截敵手腕；並能鬆動兩肩，發展兩膝之力。

第四十三式　弓勢後望

【解說】

接前式，先將右足向前偏右半步，左足隨向右足前邊邁一大步，成為左弓步式，左腿攻平，右腿伸直，身向前傾。右手同時將劍由右往上向前再從下往右後翻掤，右臂伸直，虎口朝下，劍口朝後；左手同時由左往右再向前上伸，手尖朝上，左臂稍彎，兩肩鬆動，氣往下沉，目向右後下望。下連四十四式。

第二十八圖　翻劍下掤弓勢後望

【用法】

此式運用，如敵方從後面前進，隨用翻劍下掤敵之腿足或小腹均可；並發展兩臂與兩腿之力。

第四十四式　白鶴亮翅

【解說】

接前式，右足原地不動，先將左足往右足後邊退回一步，成為坐盤式，兩膝均向下彎曲，左膝停於右膝下，身隨往下落。右手同時將劍由下往左而上再向右上劈，劍尖朝右上斜，右臂伸直，虎口向上；左手同時由左前上往下向右從右肘外邊繞過，再往左上斜伸，手尖朝上，左臂伸直，目視右方。下連四十五式。

第四十四圖　白鶴亮翅偷步坐盤

【用法】

此式運用，倘敵方從右面前進，隨使劍向敵方頂面劈之均可；並能發展兩膝之力。

第四十五式　腹前進擊

【解說】

接前式，兩足原地不動，兩足尖用力往左後旋轉，身隨左轉，左足向左前方邁一大步，成左弓步式，身往下落。右手同時將劍由右上往左下再向左前方下擊，右臂伸直，手心向左，劍尖稍向下斜；左手同時由左上往下再向左前方伸出，手尖附於右手腕旁，左臂稍彎，兩肩下鬆，目視劍尖。下連四十六式。

第四十五圖　轉身換步腹前進擊

【用法】

此式運用，如敵方用械截我手腕，隨將手往上抬起，即向左轉身，使劍擊敵腹部；並可柔活腰身，發展兩臂之力。

第四十六式　提劍埋伏

【解說】

接前式，右足原地不動，先將左足向後抬起，大腿抬平，足尖朝下，右腿立直，身稍向前俯。右手同時將劍由前向後抽回，右臂向後彎曲，提劍稍靠右脇下，劍尖朝前，手心向內；左手同時向前伸出，手尖朝上，左臂稍向前下伸。左足向前落地，成左弓式。用劍猛刺，左手尖附於右腕旁，目視左手下。連四十七式。

第四十六圖　提劍埋伏猛刺胸前

【用法】

此式運用，如敵方使劍或點截我手腕，隨即將劍抽回伏於脇下，乘勢猛刺敵之胸部；並發動右腿與右足之力。

第四十七式　行進拗步

【解說】

接前式，右足先向左前半步，足尖偏右，身稍下落，兩膝彎曲。兩手同時往左右分開，劍尖與左手尖相對，兩臂稍彎，右手心朝下，左手心向前。左足再往前半步，足尖偏左，兩膝仍下屈。隨將劍向前平刺，右手心朝上，左手尖附於右腕旁，手心向前，左臂稍彎，隨再往前進兩步，左右洗之同目視前方。下連四十八式。

【用法】

此式運用，如敵方用劍洗我手腕，我亦隨時用劍洗之，乘勢往敵胸腹刺之；並能柔活全身，發動兩臂與兩膝之力。

第四十七圖　行進拗步劍分左右

第四十八式　攻勢劈點

【解說】

接前式，行進四步後，左足原地不動，右足先向前邁一大一步，成為右弓步式，右腿攻平，左腿伸直，身向前俯。右手同時將劍由前往下向後從左上再往右前下點，右臂伸直，虎口朝前，劍口朝下，劍尖下斜；左手亦同時由下往左後向上架起，至於頭頂上，左臂稍彎，手心向外，氣往下沉，目視劍尖。下連四十九式。

【用法】

此式運用，倘敵方由正面前進，隨將劍往後閃開，再向敵下部猛點，或劈腹部均可；並發動兩臂與兩腿之力。

第四十八圖　右足上步攻勢劈點

第四十九式　上步獨立

【解說】

接前式，右足原地不動，左足往左斜角邁一大步，落地後左腿立直，一身重點落於左足，右腿隨向上跨起，右膝稍高，足尖朝下，身往左稍斜。右手同時將劍由下向右後抽回，再從右上往左上斜刺，右臂稍彎，手心向前；左手同時由下往左上伸出，左手尖對劍尖，手心向外，左臂稍彎，目視劍尖。下連五十式。

第四十九圖　上步獨立雙風貫耳

【用法】

此式運用，如敵方從左側面前進，隨使劍往敵耳部斜刺，或面部均可；並發動兩臂與左腿之力。

第五十式　立劈華山

【解說】

接前式，右足先往右後落地，足尖偏右，將身立直，左足往右足後邊偷步，兩腿交叉，均彎曲。右手同時使劍，由左上往右向下，再從左上復往右上立劈，右臂伸直，虎口朝前，劍刃朝下，劍身與右肩相平；左手同時由上往右從右臂裏邊向下，再往左上伸出，手心向外，左臂稍彎，目視劍方。下連五十一式。

第五十圖　落地翻劍立劈華山

【用法】

此式運用，如敵方從右側面前進，隨使劍繞開，翻劈敵之頭部，順勢酌用；並能發展全身之力。

第五十一式　偷步三點

【解說】

接前式，先將右足向右邊一步，左足隨往右足後邊偷步，兩膝均向下彎曲。右手同時將劍由右往下向左上再往右繞一圓圈，隨手平攬，右臂伸直，劍口朝下，劍身與右肩平；左手亦同時由左上往右向下，從右臂內向下再往左上繞，左臂稍彎，手心向外，隨攬三劍，連偷三步為止。目隨劍視。下連五十二式。

【用法】

此式運用，如敵方從右面用劍截我手腕，隨時將劍往左閃開，順勢連攬敵腕；並柔活腰身，舒展兩臂之力。

第五十一圖　金獅搖頭偷步三點

第五十二式　抽劍斜刺

【解說】

接前式，左足原地不動，先將右足往後退回，勿著地，隨即向右前方落地，成為右弓步式，右腿攻平，左腿伸直。右手同時將劍往後抽回，隨同右足從右方向前斜刺，身稍前俯，右臂伸直，手心向下，劍身稍平；左手亦同時由左上隨身向後撤回，手尖附於右腕旁，手心向前，左臂稍彎，目視劍尖。下連五十三式。

第五十二圖　抽劍斜刺敵人膽寒

【用法】

此式運用，倘敵方從右側面進擊，隨閃身將劍往後抽回，即從右邊往敵肋部斜刺；並可柔活全身之力。

第五十三式　還步翻劍

【解說】

接前式，左足原地不動，先將右足由左足前邊往左一步，落地時足尖偏右，兩膝均向下彎曲，身隨下落，左膝至於右膝下邊，左足跟稍為抬起。右手同時將劍從前往下由左上即向右方平擊，右臂伸直，劍身與右肩相平，劍口朝下；左手亦同時由下往左上伸出，手心向外，左臂稍彎，目視右方。下連五十四式。

第五十三圖　還步翻劍擊其不備

【用法】

此式運用，如敵方從右還攻，隨即往左閃身，將劍往左撥回，隨翻劍擊敵手腕或胸部均可；並活潑身手之速效。

第五十四式　回手提劍

【解說】

接前式，左足仍在原地不動，再用右足向右方邁一大步，成為右弓式，右腿攻平，左腿伸直。右手同時將劍由前從上往左向下，再往右下翻揤，虎口向下，手心朝後，劍尖往右下斜，劍刃朝後；左手亦同時由左上向下往右邊伸出，手尖附於右腕，左臂稍彎，手心向外，兩肩鬆動，身向右俯，目視劍尖。下連五十五式。

【用法】

此式運用，如敵方往後退步，隨使劍還攻，往敵下部翻揤；並可活潑全身，發動兩臂與右腿之力。

第五十四圖　回手提劍變化莫端

第五十五式　轉身下勢

【解說】

接前式，兩足原地不動，兩足跟稍為抬起，兩足尖用力往左後旋轉，身隨往下俯，緩緩抬起，成為左弓步式，左腿攻平，右腿伸直。左手同時隨身下超向左伸出，左臂稍彎，手尖朝上；右手同時從右後用劍翻挑，劍尖朝右後上斜，虎口朝右上，右臂伸直，劍刃朝後，兩肩下鬆，氣往下沉，目視左手。下連五十六式。

第五十五圖　轉身下勢金龍出水

【用法】

此式運用，為防禦姿勢。轉身下超如龍形式，左手尖齊至左足尖為度；並柔軟腰部，舒展兩臂，發動兩腿之力。

第五十六式　即刺胸間

【解說】

接前式，左足原地不動，先用右足往前一步，身隨向左轉，左足向左一步，再將右足往左前方邁一大步，成為右弓步式，右腿攻平，左腿伸直。右手從後將劍由下向前平刺，右臂伸直，手心向上，劍與右肩相平，劍口朝左右；左手尖同時從前布於右腕旁，手心向前，左臂稍彎，身稍前俯，目視劍身。下連五十七式。

第五十六圖　猛虎轉身即刺胸間

【用法】

此式運用，如敵方從左側面前進，隨往左轉身，用劍平刺敵之胸部；並活動步法，舒展兩臂之力。

第五十七式　偷步暗刺

【解說】

接前式，左足原地不動，先用右足往左足後邊偷步，足尖著地，足跟稍抬，兩膝均向下彎曲，身隨往下落，稍向右斜。右手同時將劍由右前往左後下刺，右臂伸直，手心向內，劍口朝下，劍尖離地少許；左手亦同時附於右肩旁，手心向外，左臂稍彎，至於右臂上邊，兩臂交叉，稍停胸前，目視左下方。下連五十八式。

第五十七圖　偷步暗刺敵人難防

【用法】

此式運用，倘敵方從左後面前進，隨將劍轉回，即往敵下部或腿足乘勢下刺；並鬆動兩肩與兩膝之力。

第五十八式　鳳凰旋窩

【解說】

接前式，先用右足往右方一步。右手同時將劍向右提起，至於胸前相平，左手尖附於右腕旁，兩臂稍彎，兩手心向下，劍口朝外。隨向旋轉，左足再往右足前邊半步，身向右轉，右足再往右後退至左足前邊半步，身仍向右後轉，帶一圓圈形式，身隨定立，將劍仍停於胸前，劍身稍下，目視劍方。下連五十九式。

第五十八圖　鳳凰旋窩右足進前

【用法】

此式運用，為防禦敵人從四面前進，隨將劍提起隨身旋轉，可能提帶敵之腰部；並柔活全身之速效。

第五十九式　哪吒探海

【解說】

接前式，右足原地不動，左足先往右足後邊偷步，勿著地，左腿伸直，離地抬起，身往左前探，能平最佳，稍斜亦可。右手同時將劍由前向下往右後，再向上往左繞一圓圈，再向右後翻劍下掤虎口朝下，右臂伸直，劍刃朝上；左手亦同時由前上往左向右繞一圓圈，再往左上伸出，手尖朝上，目向右視。下連六十式。

第五十九圖　翻劍下掤哪吒探海

【用法】

此式運用，如敵方從右後前進，隨將劍繞開，即往敵下部翻掤，或胸腹均可；並柔軟腰身，舒展兩肩，發動兩腿之力。

第六十式　上部站立

【解說】

接前式，右足原地不動，先用左足前進一大步，落地時右足亦隨往前邁一大步，與左足靠攏，將身站立。右手同時將劍由右後向左前平點，右臂伸直，劍口朝上，劍身與右肩相平，虎口朝前，手心向左；左手亦同時由左前向後收回，附於右腕旁，手心向前，左臂稍彎，兩肩鬆動，氣向下沉，目視前方。下連六十一式。

【用法】

此式運用，如敵方從前面進擊，隨前進一步，用劍前指以作防禦，順勢或點敵之胸部；並發動兩臂與兩腿之力。

第六十圖　上部站立穩如泰山

第六十一式　接劍併攏

【解說】

接前式，先用右足向後退回一步，落地時足尖偏左，左足亦隨往後退回一步，與右足靠攏，兩足併攏，將身穩立。右手同時將劍由前向後撤回，停於胸前，劍身端平，劍口朝外，右臂彎曲，手心向下；左手亦同時往胸前收回，附於劍柄上，手心向下，手尖靠於右手臂上，左臂同時彎曲，目視劍柄。下連六十二式。

第六十一圖　退步接劍雙足併攏

【用法】

此式運用，並無對敵形式，暫作防禦姿勢。如敵前進，可能隨時變化；亦可鬆動兩肩，發展兩臂與兩足之力。

第六十二式　順風擺旗

【解說】

接前式，兩足原地不動，兩腿仍站立穩定，將胸稍挺，身向前傾，腹稍向後收，兩肩下鬆。先用左手接劍，附於左腿旁，左臂向下伸直，手心朝後，劍身靠於左臂後邊，劍尖朝上；左手同時向下往右上向面前伸出，手尖朝上，與頭頂平，右臂稍彎，右手再持劍訣，身稍向左轉，氣往下沉，目視左方。下連六十三式。

第六十二圖　順風擺旗目向左觀

【用法】

此式運用，亦無進攻之意，為此劍運動完畢，將身稍為穩定，振作精神，氣能直入丹田；並鬆動兩肩，發展兩腿之力。

第六十三　持劍後退

【解說】

接前式，右足原地不動，先用左足往後退回一步，再用右足往左足後邊倒退一大步，落地時左足隨再退後一步，與右足靠攏。右手由前向胸前收回，左手同時持劍用劍柄由右臂上邊往前穿過，隨再往左下邊撤回，仍附於左腿旁；右手同時由胸前向右下邊收回，靠於右腿旁，目向前視。下連六十四式。

第六十三圖　左手持劍隨往後退

【用法】

此式運用，向後退步為此劍演畢歸出式地點。切要精神活潑。所練此劍各種動作，均看此勢正確否；並柔活全身之力。

第六十四式　太極還原

【解說】

接前式，兩足原地不動，身仍穩定，兩腿立直，兩足併齊，身稍向前傾，兩肩均往下鬆，氣向下沉，呼吸自然，兩臂均向下伸直，附於左右腿兩旁，右手仍持劍訣，手心向下，手尖向前；左手亦仍持劍柄，手心向後。隨將頭稍向左偏，用目向左平視。因此劍表演完畢，仍與初式動作相同，仍立初式地點，為太極還原之式。

【用法】

此式運用，為太極還原之式，定步左觀，將身穩立，係此劍從始至終精神一致，身劍神合一，為練劍之基礎焉。

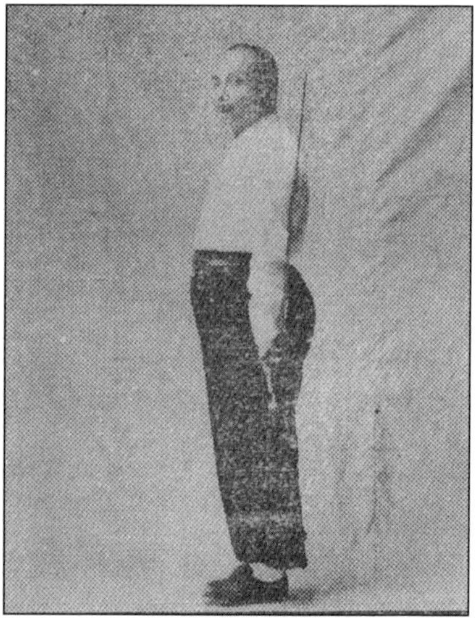

第六十四圖　定步左視太極還原

中華民國二十四年出版

新太極劍書
實價大洋八角
（外埠酌加運匯費）

劍術叢書

著作者　山東聊城馬永勝
校對者　中央國術館楊松山
攝影者　蘇州珊瑚照像館胡崇咸攝
印刷者　蘇州文新印書館
總發行者　蘇州鐵瓶巷二一號本宅
代售者　各埠大書局

導引養生功

全系列為彩色圖解附教學光碟

張廣德養生著作　每冊定價 350 元

1 疏筋壯骨功+VCD

定價350元

2 導引保健功+VCD

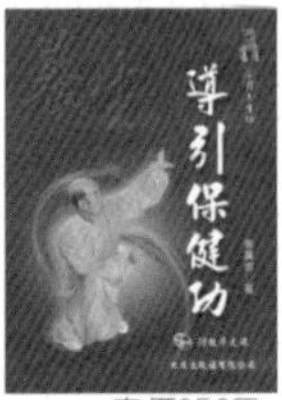

定價350元

3 頤身九段錦+VCD

定價350元

4 九九還童功+VCD

定價350元

5 舒心平血功+VCD

定價350元

6 益氣養肺功+VCD

定價350元

7 養生太極扇+VCD

定價350元

8 養生太極棒+VCD

定價350元

9 導引養生形體詩韻+VCD

定價350元

10 四十九式經絡動功+VCD

定價350元

輕鬆學武術

1 二十四式太極拳+VCD

定價250元

2 四十二式太極拳+VCD

定價250元

3 八式十六式太極拳+VCD

定價250元

4 三十二式太極劍+VCD

定價250元

5 四十二式太極劍+VCD

定價250元

6 二十八式木蘭拳+VCD

定價250元

7 三十八式木蘭扇+VCD

定價250元

8 四十八式太極劍+VCD

定價250元

太極跤

1 太極防身術

定價300元

2 擒拿術

定價280元

3 中國式摔角

定價350元

彩色圖解太極武術

1 太極功夫扇

定價220元

2 武當太極劍

定價220元

3 楊式太極劍

定價220元

4 楊式太極刀

定價220元

5 二十四式太極拳+VCD

定價350元

6 三十二式太極劍+VCD

定價350元

7 四十二式太極劍+VCD

定價350元

8 四十二式太極拳+VCD

定價350元

9 楊式十八式太極劍 十六式太極拳

定價350元

10 楊氏二十八式太極拳+VCD

定價350元

11 楊式太極拳四十式+VCD

定價350元

12 陳式太極拳五十六式+VCD

定價350元

13 吳式太極拳五十六式+VCD

定價350元

14 精簡陳式太極拳八式十六式

定價220元

15 精簡吳式太極拳三十六式 拳架・推手

定價220元

16 夕陽美功夫扇

定價220元

17 綜合四十八式太極拳+VCD

定價350元

18 三十二式太極拳 四段

定價220元

19 楊式三十七式太極拳+VCD

定價350元

20 楊氏五十一式太極劍+VCD
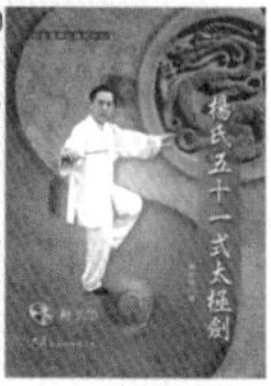
定價350元

21 嫡傳楊家太極拳精練二十八式

定價220元

22 嫡傳楊家太極劍五十一式

定價220元

23 嫡傳楊家太極刀十三式

定價220元

健康加油站

1 糖尿病預防與治療 定價200元
2 胃部機能與強健 定價180元
3 不孕症治療 定價200元
4 簡易醫學急救法 定價200元
5 肥胖健康診療 定價200元
6 肝功能健康診療 定價

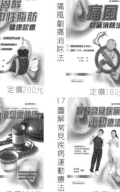

7 高血壓健康診療 定價200元
8 高血糖值健康診療 定價200元
9 尿酸值健康診療 定價200元
10 膽固醇中性脂肪健康診療 定價200元
11 痛風劇痛消除法 定價180元
12 三溫暖健康法 定價

13 手・腳病理按摩 定價180元
14 B型肝炎預防與治療 定價180元
15 吃得更漂亮、健康 定價180元
16 茶使您更健康 定價180元
17 圖解常見疾病運動療法 定價180元
18 科學健身改變亞健康 定價

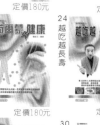

19 簡易萬病自療保健 定價220元
20 王朝秘藥媚酒 定價180元
21 立見實效保健操 定價180元
22 越吃越幸福 定價200元
23 荷爾蒙與健康 定價180元
24 越吃越長壽 定價

25 自我保健鍛鍊 定價180元
26 斷食促進健康 定價180元
27 蔬菜健康法 定價200元
28 水果健康法 定價200元
29 越吃越苗條 定價200元
30 越吃越聰明 定價

31 全方位健康藥草 定價200元
32 人體記憶地圖 定價350元
33 提升免疫力戰勝癌症 定價280元
34 腎臟病預防與治療 定價230元
35 怎樣配吃最健康 定價200元
36 心臟病腦中風預防與治療 定價

37 科學養生細節 定價350元
38 由人相診斷健康 定價180元
39 青春期智慧 定價200元
40 前列腺健康診療 定價200元
41 下半身鍛鍊法 定價180元
42 四高健康診療 定價

運動精進叢書

1 怎樣跑得快

定價200元

2 怎樣投得遠

定價180元

3 怎樣跳得遠

定價180元

4 怎樣跳的高

定價180元

5 高爾夫揮桿原理

定價220元

6 網球技巧圖解

定價220元

7 排球技巧圖解

定價230元

8 沙灘排球技巧圖解

定價230元

9 撞球技巧圖解

定價230元

10 籃球技巧圖解

定價220元

11 足球技巧圖解

定價230元

12 羽毛球技巧圖解

定價220元

13 乒乓球技巧圖解

定價220元

14 曲線球與飛碟球

定價300元

15 街頭花式籃球

定價280元

16 精彩高爾夫

定價330元

17 巴西青少年足球訓練方法

定價230元

18 籃球個人技術全圖解+VCD

定價300元

19 門球（槌球）入門與提升180問

定價230元

20 美國青少年籃球訓練方式250例

定價280元

21 單板滑雪技巧圖解+VCD

定價350元

22 籃球教學訓練遊戲

定價280元

23 羽毛球技・戰術訓練與運用

定價280元

快樂健美站

1 柔力健身球 定價280元

2 自行車健康享瘦 定價280元

3 跑步鍛鍊走路減肥 定價280元

4 創造健康的肌力訓練 定價220元

5 舒適超級伸展體操 定價280元

6 水中有氧運動 定價280元

7 雕塑完美身材 定價280元

8 創造超級兒童 定價280元

9 使頭腦變聰明 定價280元

10 防止老化的身體改造訓練 定價280元

11 三個月塑身計畫 定價280元

12 懶人族瑜伽 定價280元

13 忙裡偷閒練瑜伽基礎篇 定價240元

14 忙裡偷閒練瑜伽祛病養生篇 定價240元

15 健身跑激發身體的潛能 定價200元

16 中華鐵球健身操 定價180元

17 彼拉提斯健身寶典 定價280元

18 全身保健操+VCD 定價280元

19 瑜伽美姿美容 定價180元

20 豐胸做自信女人 定價200元

21 輕鬆瑜伽治百病 定價280元

22 瑜伽秀體小品 定價280元

23 熱舞瘦身小品 定價280元

24 整形打造美麗 定價250元

25 排毒頻譜33式熱瑜伽+VCD 定價350元

26 太極操+DVD 定價350元

大展好書　好書大展
品嘗好書　冠群可期

大展好書　好書大展
品嘗好書　冠群可期